F.-M. LUZEL

JEAN KERGLOGOR

LE CHANTEUR NOMADE

Forsan hæc olim meminisse juvabit.
(VIRGILE.)

QUIMPER

IMPRIMERIE CH. COTONNEC, PLACE SAINT-CORENTIN, 54.

1891.

F.-M. LUZEL

JEAN KERGLOGOR

LE CHANTEUR NOMADE

Forsan hæc olim meminisse juvabit.

(VIRGILE.)

QUIMPER

IMPRIMERIE CH. COTONNEC, PLACE SAINT-CORENTIN, 54.

1891.

A mon ami Ernest RENAN.

IANN KERGLOGOR

AR C'HANER BALEER-BRO

I.

Ar c'haner coz baleer-bro
Hec'h a dre ar measou en dro,
Pe ve ann amzer caer pe fall,
Hac en he dorn he vâz gargal.

Diroget ez ê he dillad,
En he dreïd 'zo eur botou-coad,
He varo a zo hir ha gwenn,
Hac ive he vleo, war he benn.

War he benn a zo eun toc plouz,
Ha war he geinn, eur zac'h lezr rouz,
Miret aboe ann amzer gaer
Oa soudard d'ann Impalaër ;

Ann hini braz, Napoleon,
Hen defoa calon eul leon,
Hac hen defoa heuillet pell, pell,
Bepred en tân hac en brezel.

JEAN KERGLOGOR

LE CHANTEUR NOMADE

I.

Le vieux chanteur nomade
Parcourt les campagnes,
Que le temps soit beau ou mauvais,
A la main son bâton de houx.

Ses habits sont déchirés,
Il a aux pieds des sabots,
Sa barbe est longue et blanche,
Ses cheveux aussi (sont longs et blancs), sur sa tête.

Il a sur la tête un vieux chapeau de paille,
Et sur le dos, un sac de cuir roux,
Qu'il a conservé depuis le beau temps
Qu'il était soldat de l'Empereur ;

Le grand (Empereur), Napoléon,
Qui avait le cœur d'un lion,
Et qu'il avait suivi au loin, au loin,
Toujours au feu et à la guerre.

Ha c'hoas e verve he lagad,
Ar soudard coz, ar soudard mad,
Hac e crié ! — Viv' l'Empereur !
Pa gomzer euz he gann-vreudeur.

He hano oa Iann Kerglogor,
Ha dalc'het mad em eus evor
Euz anezhan, euz he werziou,
He gontou leun a vurzudou.

Pa vize ann douar scornet,
Ar parcou a erc'h goloët,
E tigweze Kerglogor goz
Er maner, da abardez noz.

Ha pa vize gwelet duhont,
En penn ann ale vraz o tont,
Ar vugale grié 'n eur vouez,
(Me ma-unan oa en ho zouez) :

— Setu o tont Iann Kerglogor !
Hac e redemp da doull ann nor,
Da digemer ar c'haner mad,
Da dougen d'ezhan he sac'had.

Neuze Kerglogor, he benn noaz,
A re da genta şinn ar groaz,
Hac en he zorn gant-han he doc,
E lâre, kent monet a-roc :

— « Kement 'zo en ti, Doue d'ho miro ;
« Kement 'zo er maès, Doue d'ho c'honduo ;
« Kement a dleomb pedenni evit-ho,
« Doue d'ho delivro ! » (1)

(1) Setu aze gwir gomzou ar c'haner coz, a roc mont tre en ti.

Et son œil bouillait encore,
Le vieux soldat, le bon soldat,
Et il criait : Vive l'Empereur !
Quand on parlait de ses frères d'armes.

Son nom était Jean Kerglogor,
Et j'ai bien gardé le souvenir
De lui, de ses *gwerziou*
Et de ses contes remplis de merveilles.

Quand la terre était gelée,
(Quand) les champs étaient couverts de neige,
Arrivait le vieux Kerglogor
Au manoir, au crépuscule du soir.

Et quand on l'apercevait là-bas,
Au bout de la grande avenue, qui venait,
Les enfants criaient d'une voix,
(Et moi-même j'étais parmi eux :)

— « Voilà Iann Kerglogor qui vient ! »
Et nous courions au seuil de la porte,
Pour recevoir le bon chanteur,
Et pour lui porter son sac.

Alors, Kerglogor, la tête nue,
Commençait par faire le signe de la croix,
Et, son chapeau à la main,
Il disait, avant d'aller plus avant :

— « Tous ceux qui sont dans la maison, Dieu les garde;
« Tous ceux qui sont dehors, Dieu les conduise ;
« Toute âme pour laquelle nous sommes tenus de prier,
« Dieu la délivre ! » (1)

---

(1) Ce sont les paroles mêmes du vieux chanteur, avant d'entrer dans la maison.

« — Roët ho pâz hac ho sac'h lezr,
« Iann goz ; gwall rust ê ann amzer ;
« Deut da domma etal ann tân,
« Da c'hortos ma vô aozet coan. »

Hac a-neuze ma daoulagad
War he zac'h lezr 'vize dalc'hmad,
Rac eno a oa tensoriou
A daolennou, gwerziou, soniou.

Goude coan hac ar pedennou,
Vize tennet ann taolennou
Euz ar zac'h lezr, neuze kerkent :
Hon Zalver, ar Werc'hès, ar zent,

Hac eskibien, hac ebestel,
Hac a bep seurt tud a vrezel,
Hol liwet coant ha renket mad,
Plijadurès hon daoulagad.

Hac ann den coz a gomze stard,
'Vel eur general d'eur soudard,
Hac e c'honee ar victoar,
Carguet a enor hac a c'hloar.

Neuze, cane d'imb buheou
Ar zent coz Breiz, ho burzudou :
Sant Efflam, santès Henori,
Sant Tual ha sant Goneri ;

Ha sant Ervoan, mignon ar paour,
He garantez gwelloc'h 'get aour,
Ha sant Hervé, ar c'haner dall,
Sant Kirec, ha cals a re-all ;

— « Donnez votre bâton et votre sac de cuir,
« Vieux Jean ; le temps est bien rude ;
« Venez vous chauffer, près du feu,
« En attendant qu'on prépare à souper. »

Et, à partir de ce moment, mes yeux
Étaient constamment (fixés) sur son sac de cuir,
Car là il y avait des trésors
D'images, de *gwerziou,* de *soniou.*

Après le souper et les prières.
On tirait les images
Du sac de cuir, aussitôt.
(C'étaient :) Notre Sauveur, la Vierge, les Saints,

Et les Évêques et les Apôtres,
Et des gens de guerrre, de toute sorte,
Tous bien coloriés, bien alignés,
Délices de nos yeux.

Et le vieillard parlait ferme,
Comme (parle) un général à un soldat,
Et il gagnait la bataille,
Chargé d'honneur et de gloire.

Puis, il nous chantait des vies
De vieux saints de Bretagne, avec leurs miracles :
Saint Efflam, sainte Hénora,
Saint Tugdual et saint Gonéri ;

Et saint Yves, l'ami du pauvre,
Sa charité qui vaut plus que de l'or,
Et saint Hervé, le chanteur aveugle,
Saint Kirec, et beaucoup d'autres ;

Sant Weltas, patron ar chass clan,
Sant Tudi ha sant Laouenan,
Sant Herbot, 'ra sevel dienn,
Sant Gwenole ha santès Gwenn ;

Sant Gily íve, gant he c'had,
Sant Thégonnec, 'ra charread
Hol veinn he di gant eur bleiz loued,
Hen defoa he azenn debret.

Cals c'hoas a re-all, rac sent Breiz
'Zo dre-hol anezhe a-leiz,
Ha 'vit peb clenved ha peb poan
Ar c'horf, ar speret, 'zo unan.

Goude ar révu tremenet
Hac ar buheou caer canet :
— « Kerglogor, c'hoas eur gontadenn,
« Da ober c'hoarzin, pe aouenn :

« Geanted ha cornandoned,
« Ha tud bet troët en loened,
« Magicianed, sorcerrienn,
« Tud-bleiz, dragoned a seiz penn ;

« Prinsed ha prinsesed feyet,
« En eur c'hastel en er dalc'het,
« En eur gir, ann hol burzudou
« A laca ar bopl 'n he gontou. »

II.

Neuze, eur c'hef-tan en he dorn,
Kerglogor a dâne he gorn ;
Ann hol en-dro a dave-mic,
Ha goude menna eun tammic :

Saint Gildas, le patron des chiens enragés,
Saint Tudy et saint Laouénan,
Saint Herbot, qui fait lever la crême,
Saint Gwennolé et sainte Gwenn ;

Saint Gily aussi, avec son lièvre,
Saint Thégonnec, qui fait charroyer
Toutes les pierres de sa maison par un loup gris,
Qui avait mangé son âne.

Beaucoup d'autres encore, car les saints de Bretagne
Sont partout en abondance,
Et pour chaque maladie ou chaque peine
Du corps ou de l'esprit il en est un.

Après la revue passée,
Et ces belles vies chantées :
— « Kerglogor, encore un conte,
« Pour nous faire rire ou nous faire peur :

« Des géants et des nains,
« Des gens changés en bêtes,
« Des magiciens, des sorciers,
« Des hommes-loups et des dragons à sept têtes ;

« Des princes et des princesses enchantés,
« Et retenus dans un château en l'air,
« En un mot, toutes les merveilles
« Que met le peuple dans ses contes. »

II.

Alors, un tison ardent à la main,
Kerglogor mettait le feu sur sa pipe ;
Tous, autour de lui, gardaient un silence profond,
Et, après avoir réfléchi un peu :

—« Selaouët hol, mar hoc'h eus c'hoant,
« Hac e clevfot eur gauzic coant,
« Ha na eus en-hi netra gaou,
« Mès, marteze, eur gir pe daou. »

Eur scudellad gistr 'n he gichenn,
Evit distaga he lanchenn,
Azeet war eur scabel goad,
En corn ann tan, ar c'honter mad

Distagé neuze, penn-da-benn,
Eur gauz d'ober c'hoarz pe aouenn.
Setu aman, en bezr gomzou,
Unan euz he gaera contou.

Eur Roue coz, claon, trist meurbet,
Hac he hol izili scornet,
He daoulagad leun a daerou,
Hac he galon leun a ganvou,

A hirvoud gant keuz d'he c'halloud,
D'he iaouankis, êt en ho rout;
Doctored, magicianed
N'hellont reï d'ehan ar iec'hed.

Hac eun den coz a lâr neuze,
Eun den a gant vloaz, marteze :
— « N'eus met Einic ar Wirionez
« Ve goestl da iac'had ar rouez !

« Eur zell hep ken hac eur sonic
« Euz al labouz-ze ken coantic
« A discar glac'har ha clenved,
« A ro iaouankis ha iec'hed. »

— « Écoutez tous, si vous voulez,
« Et vous entendrez un joli petit conte;
« Dans lequel il n'y a pas de monsonge,
« Si ce n'est, peut-être, un mot ou deux. »

Une écuelle pleine de cidre auprès de lui,
Pour lui délier la langue,
Assis sur un escabeau de bois,
Au coin du feu, le bon conteur

Détachait (récitait) alors, tout du long,
Un conte à faire rire ou peur.
Voici, en peu de mots,
Un de ses plus beaux contes :

Un vieux Roi, malade, tout triste,
Et dont tous les membres sont glacés,
Les yeux remplis de larmes,
Et le cœur plein de deuil,

Gémit de regret de sa puissance,
Et de sa jeunesse, qui s'en sont allées :
Docteurs ni magiciens
Ne peuvent lui rendre la santé.

Et un vieillard dit alors,
Un homme de cent ans, peut-être :
— « Il n'y a que le petit Oiseau de la Vérité
« Qui soit capable de guérir le Roi !

« Un regard seulement et une chanson
« De cet Oiseau si gentil
« Abattent douleur et maladie,
« Donnent la jeunesse et la santé. »

Ar Roué coz a lâr neuze :
— « Rèd ê d'in caout al labouz-ze !
« D'ann hini hen cavo ma merc'h,
« Ma muia caret, coant ha gwerc'h ! »

Ha setu a-neuze kerkent
Tud a bep rum da vont en hent,
Ha princed ha generaled,
Labourerrien, artisaned.

Mès allas ! nicun na distro,
Rac hol e cavent ar maro ;
Hac ar Roue 'zo clan bepred,
Hac ann hol a zo glac'haret.

Neuze, eur mesaër bihan
Euz eun ti-plouz a-draon al lan,
Melen he vleo, lemm he lagad,
Hec'h a ive, ar paotric mad,

Evit sicour he geront paour,
A garrié dreist arc'hant hac aour.
Kimiadi 'ra euz ar Roue,
Ha mont neuze, en gracz Doue.

He dad 'ro d'ehan pemp guennec,
Hac he vazic dero pennec ;
He vamm 'ro eun dousenn crampouès,
Ha c'huec'h vi poaz, euz he folès.

Bale a ra, bale a ra...
Calonec, heb aoun a netra ;
Alies e tremen ann noz
En eur parc, pe eur gleuzenn goz.

Le vieux Roi dit alors :
— « Il me faut cet Oiseau-là !
« A celui qui le trouvera, ma fille,
« Ma fille bien aimée, jolie et vierge ! »

Et voilà alors qu'aussitôt
Gens de toute condition se mettent en route.
Et des princes et des généraux,
Des laboureurs et des artisans.

Mais hélas ! nul n'en revient,
Car tous y trouvaient la mort.
Et le vieux Roi est toujours malade,
Et tout le monde en est désolé.

Alors, un petit pâtre,
D'une chaumière, au bas de la lande,
Aux cheveux blonds, à l'œil vif,
Part aussi, le bon petit garçon,

Pour secourir ses parents, qui sont pauvres,
Et qu'il aime plus que l'or.
Il prend congé du Roi,
Et s'en va, à la grâce de Dieu.

Son père lui donne cinq sous,
Et son bâton de chêne têtu (son penn-baz ;)
Sa mère lui donne une douzaine de crêpes,
Et six œufs cuits, de sa poulette.

Il marche, il marche...
Courageux et n'ayant peur de rien ;
Souvent il passe la nuit
Dans un champ, ou dans le creux d'un vieil arbre.

Eun dez, epad m'oa azeet
Etal eur feuntenic cuzet
Indan eur vodennic guern glaz,
Poultret hol hac ive scuiz braz,

Da debri eun tam bara du,
Eva dour, mont are doc'htu,
Setu o tont eur verrionenn,
Eur bic hac eul louarn lost gwenn ;

Hac a c'houlenjont peb a damm.
N'hen doa ken euz crampouès he vamm,
Nemet unan, hac hi rannas
Gant ann tri loen, hac e lâras :

— « Loenedigou Doue, dalet
« Lod euz ar pez em eus ; debret,
« Rac naoun hoc'h eus, war a welan,
« Ha zeblant zoken beza clan. »

— « Trugaraz ! lâras al loened,
« Penamet-out vijemb marvet,
« Gant ar gwall naoun ; pa vi nec'het,
« Goulen, hac a vi sicouret. »

— « Hac a zo mad, hac a zo caer ! »
Lâras neuze ar mesaër.
Ha da vont en hent a-nevez,
D'a glasq Einic ar Wirionez.

Muioc'h calonec oa breman,
O welet oa a-du hant-han
Loened keiz ann Aotro Doue,
Hac a sonjé : Mar ben Roue !...

Un jour, comme il était asssis
Près d'une petite fontaine, cachée
Sous un buisson d'aune vert,
Couvert de poussière et rendu de fatigue,

Pour manger un morceau de pain noir,
Boire de l'eau, et se remettre en route aussitôt,
Voilà venir à lui une fourmi,
Une pie et un renard à queue blanche.

Et ils demandent chacun un morceau.
Il n'avait plus des crêpes de sa mère
Qu'une seule, et il la partagea
Avec les trois bêtes et leur dit :

— « Chers animaux de Dieu, prenez
« Votre part de ce que j'ai ; mangez,
« Car vous avez faim, à ce que je vois,
« Et vous paraissez même être malades. »

— « Merci ! dirent les bêtes;
« Sans toi, nous serions morts
« De faim ; quand tu seras embarrassé,
« Appelle-nous, et tu seras secouru. »

— « C'est bien et c'est beau ! »
Répondit le pâtre.
Et de se mettre en route de nouveau,
A la recherche du petit Oiseau de laVérité.

Il avait plus de courage, à présent,
En voyant qu'il avait pour lui
Les chers animaux du bon Dieu,
Et il pensait : — si j'élais Roi !....

En eur gir, evit diverran,
Rac hir a-walc'h ê ar gauz-man,
Goude calz a boan, a labour,
Daoust d'ann heol, d'ar scorn ha d'ann dour,

Sicouret gant ann tri loen mad,
A deue, p'ho galwe, timad,
Hac hen tenne a bep pleg fall,
Hac hen mire euz a bep gwall,

E teuas a benn, evurus,
Da dapoud al loen burzudus,
Ha d'hen digas, 'n he gaoued aour,
D'ar Roue coz, ar monarq paour.

Ar Roue, kerkent m'hen gwelas,
A savas he benn, a c'hoarzas,
Ha pa hen clevas o canan,
Em lacas da ganan gant-han.

Ha setu-han leun a iec'hed,
Laouenn hac evurus meurbed.
Ar mesaër, ar zun varlerc'h,
Eureujas ar brincès he verc'h.

Hac epad eur miz penn-da-benn,
A oe festou, goeliou laouenn,
Coulz d'ar paour 'vel d'ar pinvidic,
'N eur gir, eun eured magnific.

Ma zad coz a oa keginer,
Ha me a oa o treï ar ber,
Em boa bet eun tamm, eur bannac'h,
Hac on deut aman d'gonta d'ach.

En un mot, pour abréger,
Car il est assez long, ce conte,
Après beaucoup de peine et de travail,
Malgré le soleil, et la glace et l'eau,

Aidé par les trois bons animaux,
Qui venaient, aussitôt qu'ils les appelait,
Et le tiraient de tout mauvais cas,
Et le préservaient de tout mal,

Il vint à bout, avec bonheur,
De prendre l'animal merveilleux
Et de l'apporter, dans sa cage d'or,
Au vieux Roi, le pauvre monarque.

Le Roi, dès qu'il le vit,
Leva la tête, rit,
Et, quand il l'entendit chanter,
Il se mit à chanter avec lui.

Et le voilà plein de santé,
Joyeux, et on ne peut plus heureux.
Le pâtre, la semaine d'après,
Epousa la princesse sa fille.

Et, pendant un mois tout du long,
Il y eut des festins, des fêtes joyeuses,
Aussi bien pour le pauvre que pour le riche,
En un mot, une noce magnifique.

Mon grand-père y était cuisinier,
Et moi je tournais la broche ;
J'eus un morceau et une goutte,
Et je suis venu ici vous conter (ce-ci.) (1)

---

(1) Nos conteurs terminent ordinairement leurs récits par cette formule ou quelque chose de semblable.

III.

Me selaoue ar c'honter mad,
Sioul, ha warnhan ma daoulagad,
Ha 'pâd ann noz, he varvaillou
A welenn c'hoas, em hunvreou.

Ha brema, pa 'z on deuet coz,
E sonjean c'hoas en-he, beb noz,
Em guele, pa na gouskan ket,
Gant keuz d'am amzer tremenet.

Hac em eus bet laket em penn,
Kent ma vefont marw da vikenn,
Dastum ar gwerziou, ar c'hontou,
Hol blijadurès hon zadou,

A gaver c'hoas, miret en penn
Ar-re n'ouzont scriva na lenn,
War ar maezou, en tier plouz,
Lec'h 'vev tud simpl, pell euz ann drouz.

Epad tregont vloaz, pe war-dro,
Em eus ho c'hlasket dre ar vro,
Hac emaint breman en levriou
Lec'h a vevfont hir amzeriou.

O contou coz, gwerziou, soniou,
A chalm tud Breiz, 'n ho nozveziou,
Magadurès skiant ar paour,
C'hui 'zo cant gwech well' 'vit ann aour !

Hac a boaniou 'c'h eus consolet,
Poaniou ar c'horf pe ar speret !
Contou burzudus hon zud coz,
Warnoc'h e roan ma bennoz.

Plouaret, miz gwengolo 1891.

III.

Moi, j'écoutais le bon conteur,
En silence, les yeux (fixés) sur lui,
Et, durant la nuit, ses merveilles,
Je les voyais encore, dans mes songes.

Et aujourd'hui que me voici vieux,
J'y songe encore, chaque nuit,
Dans mon lit, quand je ne dors pas,
Du regret de mon temps passé.

Et je me suis mis dans la tête,
Avant qu'ils meurent à tout jamais,
De recueillir les gwerziou, les contes,
Délices de nos pères,

Que l'on trouve encore, conservés dans la tête
De ceux qui ne savent ni écrire ni lire,
Dans nos campagnes, dans les chaumières
Où vivent des gens simples, loin du bruit.

Pendant trente ans, environ,
Je les ai recherchés par le pays,
Et ils sont à présent dans des livres,
Où ils vivront de longs temps.

O vieux contes, *gwerziou* et *soniou,*
Qui charmez les gens de Breiz, dans leurs veillées,
Nourriture intellectuelle du pauvre,
Vous valez cent fois mieux que l'or !

Que de peines vous avez consolées,
Peines du corps et peines de l'esprit !
Contes merveilleux de nos aïeux,
Je vous donne ma bénédiction !

Plouaret, septembre 1891.

IMPRIMERIE CH. COTONNEC, PLACE SAINT-CORENTIN.

www.ingramcontent.com/pod-product-compliance
Lightning Source LLC
LaVergne TN
LVHW010824150926
848035LV00047BA/1281
* 9 7 8 2 0 1 9 1 4 8 6 8 3 *